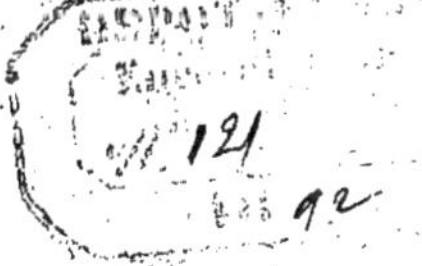

NOTE

SUR

LE FORMULAIRE DE MARCULF

PAR

CH. PFISTER.

———

Extrait de la *Revue historique,*
Année 1892.
(*Les tirages à part ne peuvent être mis en vente.*)

———

PARIS
1892

NOTE SUR LE FORMULAIRE DE MARCULF.

I.

Le recueil de formules que nous a laissé au VIIe siècle le moine
Marculf est un des documents les plus précieux de l'époque mérovingienne[1] : par lui, non seulement nous connaissons le mode de
transmission de la propriété et de l'affranchissement des esclaves, la
manière dont on faisait un don ou un legs à l'Église, mais encore
nous savons comment un comte et un évêque étaient nommés par le
souverain, comment la justice était rendue au palais du roi, en quoi
consistait le mundebour royal ou l'immunité, etc. Dans ce seul
recueil, aux *chartae pagenses* sont opposées les *praeceptiones rega-
les*. On s'est naturellement demandé dans quelle partie du royaume
franc cette importante collection a été compilée. Stobbe y a trouvé
des allusions à la Bourgogne[2]. Dans la formule de nomination du
comte et du duc, nous lisons : « Nous te confions ce pouvoir dans le
pagus un tel, pour que tout le peuple y demeurant, les Francs, les
Romains, les Burgondes et les autres races vivent sous ton régime
et sous ton commandement... *tam Franci, Romani*, Bᴜʀɢᴜɴᴅɪᴏɴɪꜱ
vel reliquas nationis[3]. » Dans une autre formule sont cités comme
exemples les trois monastères de Lérins, d'Agaune (Saint-Maurice-
en-Valais) et de Luxeuil[4]. De ce que les Burgondes sont nommés

---

1. Nous renverrons toujours, dans cette étude, à l'excellente édition que Zeumer a donnée de Marculf dans les *Monumenta Germaniae historica*. Leges,
sectio V, p. 36 et ss., in-4°, 1886. Nous avons confronté ce texte avec celui de
Rozières, *Recueil général des formules*, où les formules de même nature,
empruntées à des recueils différents, sont rapprochées.

2. *Geschichte der deutschen Rechtsquellen,* I, 249.

3. Marculf, I, 8.

4. *Et nobis aliquis detrahendo aestimet in id nova decernere carmina, dum
ab antiquitus juxta constitutionem pontificum per regale sanctionem monas-*

d'une façon expresse, de ce que les trois abbayes mentionnées sont situées au royaume de Bourgogne, Stobbe conclut que Marculf était Burgonde[1]. Mais ces deux arguments manquent de force, comme Th. Sickel l'a déjà remarqué[2]. Dans le premier passage, on indique seulement que le comte doit exercer son autorité sur les sujets de toutes races, jugés par leurs lois spéciales, franque (salique ou ripuaire), romaine ou burgonde; dans le second, on mentionne Lérins, Agaune et Luxeuil, non parce que ces trois abbayes sont situées au royaume de Bourgogne, mais parce qu'elles ont possédé les premières certains privilèges; plus tard, en conférant les mêmes exemptions à d'autres monastères, on citera à côté de ces trois noms celui de Saint-Marcel de Chalon, et aussi celui de Rebais, au diocèse de Meaux[3]. Donc, rien ne prouve que le recueil de Marculf appartienne à la Bourgogne.

Après la Bourgogne, on a cité la Neustrie. Le recueil est dédié à un évêque nommé Landri, et dans ce Landri on a voulu reconnaître l'évêque de Paris de ce nom, qui, le 1ᵉʳ juillet 632, fit abandon de quelques-uns de ses droits et privilèges épiscopaux sur le territoire de l'abbaye de Saint-Denis[4], qui, le 22 juin 653, souscrivit le diplôme de Clodovech II en faveur de la même abbaye[5], et qui plus tard fut honoré au nombre des saints du diocèse[6]. On en a conclu que

teria sanctorum Lyrinensis, Agaunensis, Lessoviensis... sub libertatis privilegium videntur consistere. Marculf, I, 1.

1. Dans une formule d'immunité, faite pour une église ou un monastère, on lit que cette église ou ce monastère ne paiera aucun droit de douane dans les localités suivantes : Marseille, Toulon, Fos, Arles, Avignon, Sorgues, Valence, Vienne, Lyon, Chalon. Toutes ces localités sont en Bourgogne; mais cette formule n'appartient pas au recueil primitif de Marculf; elle a été ajoutée après coup. Zeumer, p. 107.

2. *Beiträge zur Diplomatik*, n. IV (1864), p. 18 et 19.

3. Voir par ex. la charte d'Emmon, évêque de Sens, pour l'abbaye de Sainte-Colombe (659); Pardessus, II, p. 109, n° 333.

4. Tardif, *Monuments historiques*, p. 8, n° 10. La charte nous est conservée seulement dans une copie; elle nous paraît authentique, bien que Pardessus ait élevé quelques doutes contre elle. *Diplomata*, II, p. 95, note 1.

5. Tardif, p. 10, n. 11. Le diplôme existe en original aux Archives nationales, K 2, n. 3.

6. Sur la légende de ce saint, voir l'abbé Lebeuf : Dissertation où l'on assure à l'Église de Paris un saint évêque du nom de Landry, en convenant que son culte a commencé assez tard (dans les *Dissertations sur l'histoire ecclésiastique et civile de Paris*, t. II (1741), p. xxxiii); voir aussi les Bollandistes, juin, II, 292-94; dans le ms. latin 16820 de la Bibliothèque nationale, provenant de Saint-Corneille de Compiègne (xiiᵉ siècle), on lit au fol. 38 une lecture pieuse qui devait être faite *in natale sancti Landerici;* on n'y trouve du reste aucun détail biographique. Sauval, *Histoire des antiquités de Paris*, t. I, p. 319, nie à tort que ce Landri fût évêque de Paris.

l'auteur Marculf était moine dans un monastère de ce diocèse et que ses formules ont été rédigées en Neustrie[1]. Cette opinion est généralement admise de nos jours : mais nous nous inscrivons en faux contre elle, et nous pensons qu'une formule du recueil, celle qui termine le premier livre (I, 40), ne saurait s'appliquer qu'à l'Austrasie ; que, par suite, le recueil entier a été compilé dans le royaume de l'Est.

Cette formule est celle du *leudesamio*[2]. « Le roi un tel au comte un tel. Avec le consentement de nos grands, nous avons prescrit que notre fils un tel règne dans notre royaume un tel. Aussi nous vous ordonnons de convoquer tous vos *pagenses*, tant francs que romains ou ceux d'autre race, et de les rassembler dans des lieux convenables, soit dans les villes, les villages ou les châteaux-forts, pour qu'en présence de notre *missus* un tel, homme illustre que nous avons délégué de notre palais, ils jurent fidélité et *leudesamio* à notre fils et à nous, sur les saintes reliques que notre *missus* apportera avec lui[3]. »

Il faut observer qu'il ne s'agit pas ici du serment prêté au roi à son avènement, encore moins de celui qu'il a l'habitude d'exiger des habitants d'une contrée nouvellement conquise[4]. Il s'agit ici d'un cas très particulier. Le roi vivant confie à son fils l'autorité royale dans des provinces déterminées et exige des habitants de ces provinces serment de fidélité pour son fils d'abord, — pour lui ensuite, parce qu'il conserve sur ces territoires un pouvoir éminent. Or, si nous ne nous abusons, un semblable cas ne s'est jamais présenté que pour le royaume d'Austrasie. Nous en connaissons trois exemples à la fin du VIe et au début du VIIe siècle[5] ; et nous sommes assez bien renseignés sur la succession des souverains mérovingiens pour pouvoir affirmer qu'ils n'ont pas été plus nombreux.

---

1. Cette opinion est celle de Jérôme Bignon, le premier éditeur de Marculf, 1613, in-8°; celle des auteurs de l'*Histoire littéraire*, III, 566. Elle est adoptée de nos jours par Ad. Tardif, *Étude sur la date du formulaire de Marculf* (Nouvelle revue historique du droit, 1884, p. 557) ; par Fustel de Coulanges, *la Monarchie franque*, p. 24, n. 1 ; Sickel, *Die Urkunden des Karolinger*, I, 112, n. 1, admet que Landri était évêque de Paris ; mais il n'en résulte pas d'après lui comme conséquence que Marculf ait écrit son recueil au diocèse de Paris.

2. Nous n'avons pas à discuter sur le sens de ce mot. Nous renvoyons à Sohm, *Deutsche Reichs- und Gerichtsverfassung*, I, 19, et à Waitz, *Deutsche Verfassungsgeschichte* (3° édition), II, 1, p. 207, n. 1.

3. Éd. Zeumer, p. 68.

4. Waitz, *o. l.*, t. II, p. 206 et ss.

5. C'est ce qu'a fort bien mis en lumière Roth, *Geschichte des Beneficialwesens*, p. 279. Erlangen, 1850.

En l'année 589, Meaux et Soissons faisaient partie du royaume d'Austrasie, où régnait Childebert II. Des députés de ces deux cités furent envoyés au souverain, alors en résidence à Strasbourg : « Donne-nous, lui dirent-ils, donne-nous l'un de tes fils, pour que nous le servions ; résistant plus facilement grâce à lui à nos ennemis, nous défendrons mieux les limites de notre ville. » Le roi se réjouit de cette nouvelle et leur envoya son fils aîné, Théodebert. Celui-ci partit avec des comtes, des *domestici*, des maires et ses nourriciers, au mois de juin. Le peuple le reçut avec transport et pria Dieu d'accorder longue vie au père et au fils [1].

Un peu plus tard, Clothaire II devint seul roi des Francs ; mais, comme les Austrasiens supportaient avec impatience d'être unis aux Neustriens, il associa au trône, en 622, son fils Dagobert et le leur donna comme souverain. Dagobert devait régner sur les territoires bornés au sud par les Faucilles, à l'ouest par les Ardennes [2]. L'ancien royaume d'Austrasie était rétabli, mais privé de l'Aquitaine et des contrées de la Champagne. Il est vrai que, trois années plus tard, sur les réclamations de Dagobert, Clothaire II restitua à l'Austrasie tout ce qu'elle avait possédé autrefois en deçà de la Loire [3].

Cependant, en 629, à la mort de Clothaire II, Dagobert réunit toute la monarchie franque. Peu de temps après, il lui naquit un fils, Sigebert (saint Sigisbert). Sans doute en signe de réjouissance, il affranchit trois esclaves de l'un et l'autre sexe dans chacune des nombreuses *villae* royales, qui étaient disséminées sur toute la sur-

---

1. Grégoire de Tours, IX, 36.

2. *Anno 39 regni Clothariae Dagobertum, filium suum, consortem regni facit, eumque super Austrasius regem instituit, retinens sibi quod Ardinna et Vosacos versus Neuster et Burgundia excludebant,* livre IV, 47 ; éd. Krusch, p. 144. Qu'on nous permette ici d'insister sur le sens du mot *Vosacus* ou *Vosagus.* Dans l'antiquité et à l'époque mérovingienne, ce mot ne s'applique pas seulement à la chaîne que nous appelons aujourd'hui Vosges ; il désigne encore les montagnes nommées par nous monts Faucilles, plateau de Langres. Tel est le sens du mot dans César, IV, 10 : *Mosa profluit ex monte Vosego, qui est in finibus Lingonum.* Dire que certains commentateurs reprochent à ce propos à César d'ignorer sa géographie ! Dans Grégoire de Tours (X, 10), il est dit que Gontran fit mettre à mort un homme qui avait tué un buffle dans les Vosges ; or, jamais l'Alsace n'a appartenu à Gontran ; il s'agit donc ici encore des monts Faucilles. Jonas nous dit (*Vita Columbani,* c. 12) que Colomban, se retirant dans la solitude des *Vosges,* arriva à Annegray et fonda les monastères de Luxeuil et de Fontaines. C'est dans ce dernier sens que, dans le passage cité de Frédégaire, le mot *Vosacus* est pris. M. Longnon ne l'a pas vu et il retranche à tort, dans son *Atlas historique,* l'Alsace du royaume conféré en 622 à Dagobert.

3. Chronique dite de Frédégaire, IV, 53 ; éd. Krusch, p. 147.

face de la Gaule[1]. Quand cet enfant eut trois ans, en 633, il le donna comme roi aux Austrasiens. Il vint lui-même à Metz, réunit les évêques et les grands pour le leur recommander[2]. L'année suivante, comme il lui était né un second fils, Clodovech II, il décida qu'à sa mort ce fils hériterait de la Neustrie et de la Bourgogne, mais qu'en échange le royaume d'Austrasie recouvrerait ses anciennes possessions en Aquitaine et ses limites du côté de l'ouest, à l'exception toutefois du duché de Dentelin[3].

Dans ces trois circonstances seulement, le roi a associé un de ses fils à la couronne et lui a confié, sous son autorité éminente, le commandement souverain dans une partie du royaume. Ces trois fois seulement, on a eu occasion de se servir d'une formule semblable à celle que Marculf nous a livrée. Et encore une telle formule aurait été à peine de mise en 589. Sans doute, Grégoire de Tours donne à Théodebert, une fois qu'il fut arrivé à Meaux et à Soissons, le titre de roi[4]; mais il n'est pas possible de parler d'un royaume de Meaux et de Soissons, et notre formule dit : « Nous avons prescrit que notre fils règne dans notre royaume un tel, *in regno nostro illo.* » Marculf, qui s'est servi, pour rédiger son recueil, des actes usités de son temps, et qui a seulement rédigé de toutes pièces quelques-uns de ses chapitres[5], n'a sûrement pas inventé la formule du *leudesamio;* il n'a donc pu que copier les lettres adressées par Clothaire et par Dagobert en 622 et en 633 aux comtes de l'Austrasie, et de cette partie étroite de l'Austrasie comprise entre les Ardennes à l'ouest, les monts Faucilles au sud.

Marculf a vraisemblablement aussi copié dans un diplôme de ces

1. *Ut pro nativitate regis ingenui relaxentur,* Marculf, I, 39. Il faut observer que cette formule précède immédiatement celle du *leudesamio.* Y a-t-il là une simple coïncidence, ou bien Marculf rapproche-t-il deux faits qui se sont succédé à petit intervalle ?

2. *Dagobertus Mettis orbem veniens, cum consilio pontevecum seo et procerum, omnesque primatis regni sui consencientebus, Sigrbertum, filium suum, in Auster regem sublimavit sedemque ei Mettis civitatem habere permisit,* Id., ibid., IV, 75; Krusch, p. 158. A rapprocher ces termes de ceux de notre formule *una cum consensu procerum nostrorum.*

3. Id., ibid., IV, 76. Il semble donc que le royaume créé en 633 ait été le même que celui de 622. A la mort de Dagobert, il devait comprendre en outre les pays en deçà de la Loire qui avaient jadis dépendu de l'Austrasie; il en avait été ainsi en 625. On promettait de plus de rendre à ce royaume ses anciennes possessions en Aquitaine. Nous n'avons pas à nous prononcer ici sur la situation du duché de Dentelin. Voir à ce sujet Digot, *Histoire d'Austrasie,* II, p. 323; Longnon, *Atlas historique.*

4. Grégoire de Tours, IX, 37.

5. Voir la préface de Marculf.

enfants, donnés comme rois à l'Austrasie, Dagobert et Sigebert, cette harangue qu'il propose de mettre en tête des diplômes contenant des donations royales : « Il est juste que les présents de nos largesses récompensent ceux qui servent dès leur jeune âge avec dévouement et zèle nos parents et nous[1]. » Notons bien qu'il n'y a pas : « ceux qui ont servi nos parents, » mais bien « ceux qui servent nos parents. » Les parents sont encore vivants : le père règne dans une partie de la Gaule, le fils dans une autre partie, sous l'autorité éminente du père. Il est vrai que cette harangue perdra plus tard son sens précis ; elle sera employée par ces rois enfants, qu'on a justement nommés les rois fainéants, alors même que leur père est déjà mort. Ainsi nous la trouvons dans un diplôme de 664 par lequel le roi Childéric II accorde à Amand, évêque de Maestricht, la *villa* de Barisey, au pays de Laon[2].

Marculf écrit dans sa préface : « J'ai réuni ce que j'ai appris, selon la coutume du lieu où nous habitons, — *juxta consuetudinem loci quo degimus*[3]. » Or, nous avons trouvé dans son recueil un acte qui n'a jamais pu être appliqué qu'à l'Austrasie, un autre qui, très vraisemblablement, provient de la même région. Nous devons conclure de là que Marculf a écrit son recueil en Austrasie.

II.

Mais, dès lors, quel est cet évêque Landri auquel le formulaire est adressé? Si Marculf a en réalité écrit en Austrasie, on ne saurait voir en lui le prélat de Paris que le diplôme de 693 nous a fait connaître. N'y avait-il pas vers cette époque un autre évêque de ce nom en Austrasie?

Au début du XIe siècle, un chanoine de Notre-Dame de Cambrai écrivit les *Gestes* des évêques de cette ville et y inséra une liste de tous les monastères renfermés dans les limites du diocèse. Il cita entre autres le couvent de Soignies, situé aujourd'hui dans le Hai-

---

1. *Prolocus de cessionibus regalibus. Merito largitatis nostrae munere sublevantur, qui parentibus nostris vel nobis ab aduliscentia aetatis eorum instanti famulantur officio*, Marculf, I, 14.

2. Pardessus, II, p. 118, n° 340. Zeumer veut prouver, en s'appuyant sur cet acte de Childéric, que Marculf a écrit son recueil après 661. Mais qui nous dit que cette harangue soit employée ici pour la première fois ? Qui nous assure qu'elle n'a pas été copiée sur un diplôme du jeune Dagobert ou du jeune Sigebert ? Si l'on songe au sens précis de la phrase, cette dernière hypothèse est la plus vraisemblable.

3. Éd. Zeumer, p. 37.

naut, entre Mons et Bruxelles, et écrivit : « Le bienheureux Vincent, après avoir créé le monastère de Hautmont, construisit en outre ce couvent; il y termina heureusement sa vie et il y repose en paix à côté de son fils Landri, évêque de Meaux, *cum filio suo Landrico Meldensi episcopo*[1]. »

L'auteur des *Gesta* avait emprunté son renseignement sur le bienheureux Vincent à la *Vita Autberti*, qu'un clerc, du nom de Fulbert, venait de composer peu auparavant[2]; il ajouta de sa propre autorité la phrase sur Landri. Sans doute, il avait visité le monastère de Soignies; il avait vu les reliques de ce prélat et lu l'épitaphe de son tombeau.

Mais ici les manuscrits des *Gesta* ne sont pas entièrement d'accord. Dans l'un des trois *codices* que connaissait le premier éditeur, Georges Colvenerius[3], — dans le plus mauvais, il est vrai, provenant de Raucloître (*Rubea Vallis*[4]), — le copiste avait fait cette addition : *cum filio suo Landrico, Meldensi episcopo, alias Metensi*[5]. Il hésitait donc entre le nom de la ville de Meaux et celui de la ville de Metz.

La tradition des monastères de Hautmont et de Soignies semble justifier cette dernière leçon. Vers l'époque même où furent composés les *Gesta episcoporum Cameracensium*, un moine de Hautmont écrivit une biographie de saint Vincent-Madelgaire[6]. Nous y lisons ce récit :

1. *Gesta episcoporum Cameracensium*, éd. Bethmann, dans Pertz, SS., t. VII, p. 465.

2. La *Vita Autberti*, qui a été imprimée par Surius, t. XII, p. 249, et reproduite par Migne dans la *Patrologie latine*, t. LXXX, est incomplète et tronquée. Il faut se reporter à l'édition de Ghesquière, *Acta sanctorum Belgii*, t. III, p. 259. C'est ce qu'a négligé de faire Zeumer, *Neues Archiv*, t. VI, p. 39, n. 1. Ce que dit M. Ad. Tardif des manuscrits de la *Vita Autberti*, de l'édition de Bethmann, etc. (*Étude sur la date du formulaire de Marculf, l. l.*, p. 560) est tout à fait inintelligible. L'article de M. Ad. Tardif, qui contient quelques fines remarques de détail, est dans son ensemble fait avec une grande légèreté.

3. *Chronicon Cameracense et Atrebacense*. Duaci, ex officina Bogardi, M.DC.XV, 1 vol. in-8°. Le passage cité se trouve p. 265. Voir la note p. 539.

4. Ce manuscrit, bien inférieur à celui de Saint-Ghislain, conservé aujourd'hui à la Haye, et à celui de Notre-Dame d'Arras, aujourd'hui perdu, ne remonte pas au delà du xv° siècle. Voir Bethmann, p. 400. On ne sait pas ce qu'il est devenu.

5. Bethmann a négligé d'indiquer cette variante.

6. La *Vita Vincentii Madelgarii* est publiée par les Bollandistes, juillet, t. III, p. 668. La Bibliothèque nationale en possède un manuscrit qui date de la fin du xi° ou du commencement du xii° siècle. *Nouv. acq. lat.* 263. Ce manuscrit paraît venir de Hautmont même et fut acheté pour la Bibliothèque par M. le duc de la Trémoïlle (voir Léopold Delisle, *Mélanges de paléographie*, p. 498). Cette Vie a plus tard été abrégée et remaniée. Voir un extrait d'une Vie abré-

« Du mariage de Vincent avec Waldetrude (sainte Waudru) naquit un fils, nommé Landri ; quand il fut grand, il le confia à des clercs qui lui devaient apprendre les lettres : ils lui enseignèrent avec diligence la foi en Notre Seigneur Jésus-Christ, puis le renvoyèrent à son père; mais Landri se jeta à ses genoux, lui demanda la permission de couper ses cheveux et de se faire clerc. Vincent fut frappé d'admiration, mais, en même temps, il devint fort triste. Il réunit ses amis et leur demanda conseil : ceux-ci reconnurent dans cette ferme volonté l'inspiration divine, et le père consentit. Landri se fit clerc ; il se distingua par ses vertus et il gouverna pendant beaucoup de jours l'évêché de Metz. » Ici même le biographe introduit dans son récit une poésie rythmique qui semble plus ancienne :

> *Virtutum quoque ejus et signorum potentia,*
> *Qua clarificatus est postmodum in Dei dextera,*
> *Cum ubique palam luce sit conspicua,*
> *Tunc praecipuae Metensium in aecclesia* [1].

Le même document nous apprend que Vincent et sa femme, d'un commun accord, se retirèrent du monde. Tandis que Waldetrude fondait le monastère de *Castrilocus* (Mons), Vincent créa les abbayes de Hautmont et de Soignies [2]. Devenu vieux, il rappela son fils de Metz et lui confia l'administration des deux maisons. Landri s'acquitta de sa nouvelle tâche avec zèle, et, pour devenir abbó, il renonça à l'épiscopat.

Nous avons une biographie de Landri [3], de même que nous avons

gée dans les Bollandistes, avril, t. II, p. 488, d'après un manuscrit ayant appartenu à un chanoine de Cambrai. L'auteur de cette biographie semble avoir connu la *Vita Autberti*, écrite à la fin du xe siècle ; son récit n'a d'ailleurs aucune valeur historique. Consulter, sur Vincent, Ghesquière, *Acta sanctorum Belgii*, t. IV, p. 1-34 ; Mabillon, *Acta sanctorum seculi II*, p. 643, et le livre, du reste fait sans critique, de L.-J. Lalieu, *Vie de saint Vincent-Madelgaire et de sainte Waudru, son épouse, princes et patrons du Hainaut*. Tournai, 1886.

1. Manuscrit cité, fol. 16 r°. Cf. Bollandistes, juillet, III, p. 672 A.

2. Ces faits sont entièrement certains. Ils sont attestés encore par la *Vita Aldegundis*. Aldegonde était sœur de sainte Waudru. Elle créa le monastère de Maubeuge. La *Vita Aldegundis* a été écrite au viie siècle même. L'auteur avait connu l'abbesse. Il écrit, c. 18 : *Sed tantum juxta id quod vidimus aut per idoneos testes audivimus, jubente Christo, petitionibus vestris scribere conabor.* Ce document est imprimé dans Mabillon, *Acta sanctorum ordinis sancti Benedicti seculi II*, p. 773, et *Acta sanctorum Belgii*, t. IV. Nous possédons aussi une vie de Waldetrude, écrite au début du viiie siècle, comme l'a prouvé C. Smedt dans les *Acta sanctorum Belgii*, t. IV, p. 421. Dans ces deux anciens documents, nous ne trouvons d'ailleurs pas le nom de Landri.

3. Elle est publiée par les Bollandistes, avril, t. II, p. 489. Nous renvoyons

une biographie de Vincent. La *Vita Landrici* ne fait, au demeurant,
que répéter les faits contenus dans la *Vita Vincentii*. Elle lui est
postérieure et ne semble dater que du xive siècle[1]. Les Bollandistes en
connaissaient quatre manuscrits : l'un de Soignies, l'autre de Raucloître, le troisième du monastère de Bethléem, près de Louvain[2],
le quatrième de la collégiale de Korssendonck[3]. Tous ces quatre
manuscrits portent : Landri, évêque de Metz.

Ces textes nous montrent la persistance de la tradition, et il est
bien peu probable qu'ici la tradition se trompe. Landri a été évêque ;
mais a-t-il occupé le siège de Meaux, comme le veulent les *Gesta
episcoporum Cameracensium* (la correction *alias Metensi* du manuscrit de Raucloître a été empruntée à la *Vita Landrici,* conservée au
même monastère) ; a-t-il au contraire été prélat de Metz ?

Il semble au premier abord que les listes des évêques de Meaux
ou de Metz qui nous sont parvenues vont trancher la difficulté. Or,
il n'en est rien : nous ne trouvons le nom de Landri ni dans les
listes de Meaux[4] ni dans celles de Metz. Cette omission ne nous doit
pas surprendre. Ces listes d'évêques remontent au plus tôt à l'époque
carolingienne. Celle de Metz, la plus ancienne, a été composée en
vers, au temps de l'évêque Angilramne (768-794)[5] : elle a été déve-
loppée peu de temps après en prose par le Lombard Paul Diacre, lors
de son séjour sur les bords de la Moselle[6]. Mais comment ces listes

aussi aux observations que Ghesquière a faites sur ce document, *Acta sanctorum Belgii*, t. V, p. 205.

1. M. Ad. Tardif écrit, p. 561 : « Cette vie de Landri a été écrite, peu de
temps après sa mort, dans le monastère de Soignes. » Évidemment il n'a point
étudié la question.

2. Ce ms., qui a été terminé en 1480, est aujourd'hui à la Bibliothèque royale
de Bruxelles, n° 3391-99. La *Vita Landrici* se lit du fol. 112 r° au fol. 114 r°.
Cf. le *Catalogus codicum hagiographicorum* des Bollandistes, t. I, p. 384.

3. Le manuscrit de Korssendonck, copié en 1498, est aujourd'hui à la bibliothèque Mazarine, à Paris, n° 1733 (1329). La *Vita Landrici* se lit au fol. 70.
Voir le *Catalogue* d'Auguste Molinier, t. II, p. 204. Nous ignorons ce que sont
devenus les deux autres manuscrits.

4. Colvenerius, dans son édition des Gestes des évêques de Cambrai, cite une
liste des évêques de Meaux, publiée par Democharès (Antoine de Mouchy) et
où est placé, au début du viie siècle, un évêque Landri. Mais cette liste est
l'œuvre personnelle de Democharès († 1574, doyen de la faculté de théologie
à la Sorbonne). « Son catalogue est récent et très fautif, » écrit l'abbé Lebeuf,
Dissertation sur l'histoire de Paris, t. II, p. lxi.

5. Pertz, SS. t. XIII, p. 303 ; Bethmann, *Archiv*, X, 294, suppose que ces
vers sont de Paul Diacre ; il a été suivi par Dümmler, *Neues Archiv*, IV, 111.
Mais en réalité, comme Holder-Egger l'a démontré, SS., *l. l.*, ils ont été composés par un poète messin qui a été la source de Paul Diacre.

6. Pertz, SS. t. II.

étaient-elles établies ? Les auteurs se servaient des diptyques placés sur l'autel et où étaient inscrits les jours de décès des prélats. Le nom de Landri, qui avait quitté son siège et qui était mort loin de son diocèse, au fond d'un couvent du Hainaut, ne se trouvait pas sur ces diptyques, et on s'explique aisément qu'il ait été oublié sur la liste soit de Meaux soit de Metz.

Mais sur laquelle de ces deux listes aurait-il dû trouver place ? Dom Toussaints du Plessis, à qui nous devons une excellente histoire de l'Église de Meaux, a établi la chronologie des évêques de cette ville. Il écrit : « On fixe la mort de saint Vincent, père de Landri, à l'an 677. Et comment saint Landri aurait-il pu être évêque de Meaux avant cette année? Saint Faron a tenu le siège depuis l'an 626 ou 627 jusqu'en l'année 672, et à saint Faron succéda saint Hildevert, puis Herling, qui vivait encore en 684[1]. » Ghesquière, dans les *Acta sanctorum Belgii*[2], ne se déclare pas satisfait par ces arguments. Nous savons, dit-il, que Hildevert fut pendant un certain temps suspendu de ses fonctions épiscopales, pour avoir construit une église sous le vocable de saint Christ[3]; or, dit-il, il est fort possible que, pendant cette suspension, Landri ait régi le diocèse de Meaux, d'où son titre :

1. Toussaints du Plessis, *Histoire de l'Église de Meaux*, t. I, p. 694 (note 33). Du Plessis arrive à la conclusion que Landri était seulement évêque régionnaire ou chorévêque, et que sa résidence se trouvait à Medelsheim, près de l'abbaye d'Hornbach, aujourd'hui dans la Bavière rhénane. Une question analogue s'est posée pour saint Pirmin. On lit dans l'ancienne biographie du saint fondateur de Reichenau ces mots : *Pirminius qui in praesenti vita diebus Theoterici regis Francorum* (Thierry IV, 720-727) *Melcis castello pastoralis curae episcopatum sine crimine gerebat* (Mone, *Quellensammlung der badischen Landesgeschichte*, I, 31). Aussi les uns l'ont revendiqué pour Meaux, les autres pour Metz. Du Plessis, qu'ont suivi les modernes, Mone, Rettberg, le relègue à Medelsheim. Mais observons qu'il y a une profonde différence entre les deux personnages : Landri est sûrement évêque ; la *Vita Pirmini* dit seulement que son héros remplissait le rôle d'un évêque, et cela non pas dans une cité, mais dans un castel. Nous pouvons donc mettre Pirmin à Medelsheim ou, comme J. Friedrich l'a soutenu (*Kirchengeschichte Deutschlands*, II, p. 586), à Medels, en Rhétie : cette solution ne s'impose pas pour Landri. Au demeurant, il y avait rarement des chorévêques à l'époque mérovingienne. Nous maintenons par suite à Landri sa dignité d'évêque. Citons comme curiosité l'opinion de l'abbé Lebeuf (*l. l.*, p. LIX) : Landri aurait été un évêque régionnaire, soulageant deux évêques aux confins de leur diocèse; par suite, on l'aurait appelé *episcopus in metis;* ceux qui n'entendaient pas ce langage auraient changé ce terme en *episcopus metensis* ou *episcopus meldensis*.

2. T. V, p. 208.

3. Ce fait nous est connu par la vie de saint Faron, écrite en 854 par l'évêque de Meaux Hildegaire. Voir ce document dans Mabillon, *Acta sanctorum ordinis sancti Benedicti seculi II*, p. 620.

évêque de Meaux. Nous répondrons à Ghesquière qu'il n'était point
d'usage, en cas de suspension temporaire d'un évêque, de lui donner
un successeur ; l'un des clercs du diocèse, en général l'archidiacre,
était chargé dans l'intervalle de veiller aux intérêts de l'Église. Nous
tenons par suite le raisonnement de dom Duplessis comme con-
cluant : Landri n'était point évêque de Meaux.

Néanmoins, le dernier éditeur des Formules, Zeumer, sans avoir
examiné la question par lui-même, soutient que Landri, abbé de
Soignies, avait été évêque de Meaux, et il affirme que Marculf a dédié
à ce Landri son recueil. Son unique raison est tirée du formulaire
même[1]. Marculf, dit-il, s'est servi pour sa rédaction d'un diplôme
accordé en 635 à l'abbaye de Rebais, au diocèse de Meaux[2] ; et, en
effet, il y a entre ce diplôme et la première formule de Marculf une
ressemblance complète. Mais de pareils privilèges avaient été accor-
dés à d'autres abbayes ; dans le cours même de la formule, on dit
que de semblables concessions avaient été faites à Lérins, à Agaune,
à Luxeuil. Pourquoi Marculf n'aurait-il pas employé les chartes con-
cédées à ces derniers monastères ? D'ailleurs, dans la charte pour
Rebais, on cite encore pour exemple Saint-Marcel de Chalon[3], et ce
nom ne se trouve pas dans Marculf : cette omission nous prouve que
Marculf n'avait pas sous les yeux l'acte pour Rebais.

De toute façon, Zeumer commet une grave méprise. Il veut que
l'évêque Landri du formulaire soit l'abbé de Soignies ; en même temps,
pour une autre raison que nous examinerons plus loin, il veut que
ce formulaire n'ait été rédigé qu'au viiie siècle, sûrement après l'année 697. Mais ces deux assertions ne sauraient se concilier. Si les
raisonnements des Bollandistes sont exacts, Landri, évêque de Meaux
ou évêque de Metz, a dû quitter son siège avant 677, date de la mort
de son père Vincent-Madelgaire. Admettons que cette date de 677
soit trop précise ; encore est-il sûr que Landri a vécu au viie siècle.
C'est à cette époque que Soignies, Hautmont, Mons sont sortis du

1. Voir l'introduction de son édition, p. 34, et *Neues Archiv*, t. VI, p. 40.
L'opinion de Zeumer a été adoptée sans examen par Bresslau, *Handbuch der
Urkundenlehre für Deutschland und Italien*, t. I, p. 612.

2. Pardessus, II, p. 39, n° 275.

3.

Diplôme pour Rebais.	Formule de Marculf.
... quum etiam sub hujus constitu-lionis norma Agaunensium locum, imoque et monasteria Lirinensium, Luxoviensium, vel basilica domini Marcelli... catenus fuit sancitum.	*... dum ab antiquitus juxta cons-titutionem pontificum per regale sanc-tionem monasteria sanctorum Lyri-nensis, Agaunensis, Lossoviensis vel modo innumerabilia per omne re-gnum Francorum sub libertatis pri-vilegium videntur consistere.*

sol ; c'est à cette époque qu'Aldetrude et Madelberte, sœurs de Landri, vont se former à la discipline monastique à Maubeuge sous la direction de leur tante Aldegonde[1]. Ou le formulaire de Marculf date du VIIe siècle, ou l'évêque Landri, auquel il est dédié, n'est pas l'abbé de Soignies.

Zeumer n'a ainsi trouvé dans le formulaire aucune raison sérieuse pour en placer la composition au diocèse de Meaux ; il semble que les raisonnements que nous avons développés plus haut excluent cette ville. Ni en 622 ni en 633 la cité de Meaux n'a été comprise dans le royaume d'Austrasie ; il est à peu près sûr qu'elle ne fut pas ajoutée à ce royaume en 625[2] ; et, si par hasard elle y avait été unie en 639, à la mort de Dagobert, comme M. Longnon semble le supposer[3], la formule du *leudesamio*, telle que Marculf nous l'a laissée, n'y aurait pu recevoir aucune application : les habitants de Meaux auraient dû à ce moment jurer fidélité au seul Sigebert, et non pas à un roi et « à son fils éminent. »

1. Aldetrude est citée dans la plus ancienne biographie de sa tante Aldegonde, c. 27 : *Aliqua puella de rebus necessariis monasterii curam gerens secus pedes magistrae et amitae suae a cunabulis regulariter nutrita est, nomen Aldetrude.* Aldetrude succéda, d'après la tradition, à sa tante dans le gouvernement de Maubeuge. Une seconde biographie d'Aldegonde, écrite au IXe siècle par un moine de Saint-Amand, Hucbald, mentionne pour la première fois Madelberte, la seconde fille de sainte Waudru et la troisième abbesse de Maubeuge (Bollandistes, janvier, II, p. 1084). Ces deux noms se retrouvent ensuite au XIe siècle dans la *Vita Vincentii* (Bollandistes, juillet, III, 671). On a publié, d'après les archives du chapitre de Maubeuge, un diplôme par lequel Aldegonde aurait donné à son monastère différents biens, un autre par lequel douze chanoines de Saint-Quentin auraient été chargés de desservir l'église de Maubeuge ; Pardessus, II, p. 116, n° 338 et 339. Ces deux diplômes sont manifestement faux : ils ont été fabriqués à l'aide de la seconde vie d'Aldegonde. Notons que, dans la *Vita* la plus ancienne (chap. II), on donne comme oncle à Aldegonde un nommé Landri : ce qui prouve que ce nom existait dans cette famille. La souscription de ce Landri se lit au bas des deux diplômes faux que nous venons de citer.

Nous possédons des biographies d'Aldetrude et de Madelberte (Bollandistes, février, III, 509, et septembre, III, 103 ; cf. Ghesquière, V, p. 157 et 490) ; mais elles sont très postérieures et n'ont aucune valeur historique.

On attribue à Vincent et à Waudru un autre fils : saint Dentlin, qui est mort encore tout enfant et qui est honoré à Rees, au nord de Dusseldorf (province du Rhin), *Vita Vincentii, l. l.* On trouvera une *Vita Dentelini* dans les Bollandistes, juillet, III, 689 ; cf. Ghesquière, IV, 37.

Si beaucoup de détails sur cette famille appartiennent à la légende, il n'en reste pas moins établi que ces personnages ont existé et que leur existence se place vers le milieu du VIIe siècle.

2. Voir l'*Atlas historique* de Longnon, carte de la Gaule en 625.

3. Sur la carte de l'année 638 (lisez 639), M. Longnon attribue la cité de Soissons à la Neustrie, celle de Meaux à l'Austrasie. Nous n'avons pas pu deviner les raisons sur lesquelles il s'est fondé pour établir ce partage.

Nous n'avons trouvé aucune place à Landri au nombre des prélats de Meaux ; en revanche, nous pouvons lui faire un rang parmi les évêques de Metz. A Arnulf, l'ancêtre des Carolingiens, avait succédé sur le siège de cette ville Goëric, surnommé Abbon. La *Vita Arnulfi* [1], document contemporain, nous donne ce renseignement, qui est ainsi hors de toute contestation. Goëric-Abbon était encore prélat en 644, une année après qu'Arnulf fut mort dans sa solitude de Remiremont, et il fit à cette date la translation des reliques de son prédécesseur du Saint-Mont à Metz [2]. Peu de temps après, il n'était plus. Il fut remplacé par Godon, honoré au diocèse de Metz sous le nom de saint Gon. Godon est cité dans la charte par laquelle le roi Sigebert fonda, vers 644, le monastère de Cugnon, sur la Semoy, entre Chini et Bouillon [3]. On s'accorde à attribuer à Godon un épiscopat assez court [4]. La liste des évêques de Metz lui donne pour successeur Clodulf, fils d'Arnulf ; mais, à cette date et encore quelque temps après, nous trouvons Clodulf au nombre des seigneurs laïques de la cour d'Austrasie. Didier, évêque de Cahors († 654), lui écrit pour le remercier de la manière obligeante dont, à son dernier voyage d'Austrasie, il avait été reçu par lui à la cour, et il profite de la circonstance pour célébrer les hautes vertus d'Arnulf [5]. Vers 648, Clodulf était encore *domesticus* du roi Sigebert, au moment où ce prince céda à Remacle douze milles dans la forêt des Ardennes pour y élever les deux monas-

1. C. 19. Voir l'édition de Krusch dans les *Scriptores rerum merovingicarum*, t. II, p. 440.

2. *Vita Arnulfi*, c. 22, éd. Krusch, p. 442. Sigebert de Gembloux place la mort d'Arnulf en 640 ; sa translation eut lieu l'année suivante, par suite en 641. Nous nous proposons de discuter ces dates dans un autre travail.

3. Pardessus, II, p. 83, n° 309. Pour la date, voir le raisonnement de Pardessus, p. 84, n. 1.

4. Les listes des évêques de Metz, publiées au tome XIII des SS. de Pertz, p. 305, prétendent qu'il siégea pendant dix ans et deux mois. Mais il ne faudrait pas se fier aux indications données par ces listes, comme l'a fait, par exemple, Bonnell, *Die Anfänge des karolingischen Hauses*, p. 188. Ce ne sont pas des contemporains qui nous ont livré ces chiffres ; ils sont le résultat d'un calcul fait par un historien postérieur, qui a essayé de raccorder la chronologie messine à la chronologie générale. Il est de toute évidence que très souvent cet historien s'est trompé. Dans la *Vita Clodulfi*, on attribue à Godon seulement huit années d'épiscopat. *Cui* (Goerico) *item venerabilis Godo subsequutus regimen praesulatus administravit annis octo* (Mabillon, *Acta sanctorum seculi II*, p. 1002). Qu'on ne nous objecte pas que cette *Vita* donne Clodulf comme successeur direct à Godon ; l'auteur, qui écrivait au ix° siècle (voir Bonnell, *o. l.*, p. 137), a puisé ce renseignement dans les *Gesta episcoporum Mettensium* et il n'avait pas d'autre document à sa disposition. Sur le culte de saint Gon, voir l'*Histoire de Metz* par les Bénédictins, t. I, p. 393.

5. Dom Bouquet, *Recueil des Historiens de France*, IV, 39.

tères de Malmédy et de Stavelot[1]. Pour la première fois, Clodulf nous apparaît comme évêque de Metz en l'année 659. Un moine qui, vers l'an 700, écrivit le livre *De virtutibus sanctae Geretrudis* nous rapporte à son sujet l'anecdote suivante : A Trèves se trouvait une abbesse nommée Modeste; jamais elle n'avait vu Gertrude, la célèbre créatrice de Nivelles, et pourtant elle professait pour elle une vive amitié. Or, un jour qu'elle priait, elle vit une apparition miraculeuse : « Je suis Gertrude, » lui dit le fantôme, « et, à cette heure même, je suis délivrée de la prison de la chair. » Le lendemain, arriva au monastère l'évêque de Metz, Clodulf; Modeste s'enquit auprès de lui pour savoir quels étaient les traits de Gertrude; c'étaient ceux mêmes de l'apparition; l'abbesse put annoncer au prélat que la pieuse vierge avait rendu son âme à Dieu, et Clodulf trouva plus tard qu'elle avait dit vrai. Mais nous connaissons de façon précise la date de la mort de Gertrude : c'est le 17 mars 659; à cette date, Clodulf occupait sûrement le siège de Metz[2].

Entre 644, date où nous trouvons Godon évêque de Metz, et 659, où Clodulf nous apparaît pour la première fois en qualité de prélat, il y a un intervalle assez long; nous pensons que dans cet intervalle Landri a occupé le siège de cette ville. L'ordre des prélats de Metz au VIIe siècle nous semble être le suivant : Arnulf, Goëric-Abbon, Godon, Landri, Clodulf.

Ne nous étonnons point qu'un clerc, originaire de ces régions de la Belgique, ait été élevé sur le siège de Metz. Entre ces contrées et la capitale de l'Austrasie, les rapports étaient fréquents. Souvent des jeunes gens, nés sur ces territoires, se rendaient dans la cité des Médiomatrices pour y recevoir, à l'école épiscopale, une instruction solide. Ainsi en agit, sous le pontificat même de Clodulf, le jeune Trudo; de retour en son pays, il créa le monastère qui porte son

---

1. Pardessus, II, p. 88, n° 313. Le diplôme n'est pas daté, mais il se place entre 648 et 650. Le don est fait *ex consensu fidelium nostrorum... illustrium virorum Grimoaldi* (Grimoald, maire du palais), *Folcoardi, Bobonis, Adregesili, item Bobonis, nec non et domesticorum Flodulfi* (lisez Clodulfi, notre Clodulf), *Ansigisi* (Anségise, frère de Clodulf, gendre de Pépin l'Ancien), *Bertelini, Gariperti*. En l'année 667, Childéric II, en confirmant à Malmédy et Stavelot cette donation de Sigebert, avec certaines restrictions, rappelle les personnages cités dans le premier diplôme, *cum illustribus viris Grimoaldo, Fucoaldo, Adregisilo, Bobono ducibus, Clodulfo, Angesilino, Gareperto domesticis;* Pardessus, II, p. 146. Voir, sur ce dernier diplôme, Goerz, *Mittelrheinische Regesten*, I, 47, n° 93.

2. *De virtutibus sanctae Geretrudis*, éd. Krusch, *Scriptores rerum merovingicarum*, t. II, p. 465. Sur la date de cet opuscule, nous avons adopté les conclusions de Krusch.

nom, Saint-Trond, et il le soumit à l'église de Metz[1]. Ainsi, un peu plus tard, le jeune Chrodegand, né au pays de la Hesbaye, à l'ouest de Liège, vint terminer ses études à Metz[2]; il s'y distingua et fut élevé sur le siège de cette ville, où il aura la gloire de créer l'institution des chanoines. L'histoire de Chrodegand a dû être celle de Landri.

Nous croyons avoir démontré : 1° que le formulaire de Marculf a été écrit en Austrasie; 2° qu'il y a eu vers 650 à Metz un évêque du nom de Landri. Nous concluons : c'est à Landri, évêque de Metz, que le formulaire de Marculf est adressé; ce formulaire a été par suite écrit vers 650.

III.

Si notre raisonnement est juste, nous pouvons expliquer aisément quelques difficultés qui jusqu'à présent ont embarrassé les commentateurs.

Dans la plupart des manuscrits du formulaire, on lit en tête de la préface cette dédicace : « *Domino sancto... ac reverendissimo pape Landerico Marculfus*[3]. » Mais, dans un *codex* de la Bibliothèque nationale, fonds latin n° 2123, écrit au ixe s. par Hatulf et Walafrid (peut-être Walafrid Strabon), on trouve : « *Domino sancto... hac reverendissimo papaae* (sic) *Glidulfo Marculfus*[4]. » Que signifie ce changement? Plusieurs hypothèses ont été faites pour l'expliquer. Comme

1. Nous connaissons ces détails par la *Vita Trudonis*, écrite par le diacre Donatus à la fin du viiie siècle et adressée à l'évêque de Metz Angilramne. Voir Ghesquière, *Acta sanctorum Belgii*, V, p. 1.

2. Voir la *Vita Chrodegandi* dans Pertz, SS., t. X, p. 552. Cette biographie ne date que du xe siècle; mais l'auteur avait à sa disposition des documents plus anciens, aujourd'hui perdus.

3. Cette leçon est celle des manuscrits de la classe A, suivant le système de Zeumer : ce sont les manuscrits 114 de Leyde, 4627 du fonds latin de la Bibliothèque nationale, et 10756 du même fonds. Ce dernier *codex*, du ixe siècle, provient de Metz, comme l'indique cette note, au bas du folio 61 r° : *Emi Metis* 1567. Il a appartenu naguère à M. Michel, curé de la cathédrale de Nancy, et a été acheté, après la mort de celui-ci, par la bibliothèque de Paris. Voir Digot, *Histoire d'Austrasie*, t. II, p. 331.

4. Dans le *codex*, une main récente a mis un point sous l'*a* de *papaae*, pour exponctuer cette lettre (fol. 105 v°). Ce manuscrit constitue, d'après Zeumer, la classe B. Nous donnons la leçon exacte du manuscrit que nous avons vérifiée. Knust (*Archiv*, t. VIII, p. 118), Zeumer, dans son édition, ont lu : *hac reverendissimo papa Aeglidulfo*. Mais déjà Sickel (*Die Urkunden der Karolinger*, I, 112, n. 1) a deviné que Knust avait rapporté à tort l'*ae* du mot *papa* au nom propre suivant. Rozière a lu aussi *Glidulfo*.

dans ce manuscrit on trouve mêlées aux formules de Marculf d'autres formules étrangères au recueil primitif, comme quelques formules ont été remaniées ou abrégées, Knust a supposé que Marculf a fait une seconde édition de sa collection et qu'il l'a dédiée à un autre évêque du nom de Glidulf ou Aeglidulf[1]. Mais cette hypothèse doit être écartée. Quelques-unes des formules ajoutées sont sûrement de l'époque carolingienne[2], et Marculf, par suite, ne saurait en être ou l'auteur ou le compilateur. Zeumer croit que cette compilation nouvelle, où sont réunies des formules de Marculf, des *formulae Turonenses*, d'autres encore, a été faite à la fin du viiie siècle; le compilateur aurait simplement remplacé le nom de l'évêque Landri par celui d'Aeglidulf[3], et, dans cet Aeglidulf, il est enclin à voir l'évêque de Strasbourg Ailidulfus[4]. Mais il paraît assez surprenant qu'il n'ait pas changé en même temps le nom de Marculf pour le remplacer par le sien propre. Sickel a émis un avis différent. Marculf aurait dédié à la fois son recueil à un grand nombre d'évêques, entre autres à Landri de Paris et à Clidulf ou Clodulf de Metz[5]. Sickel a fort bien vu que Clidulf était notre prélat de Metz saint Clou[6]; mais comment admettre que Marculf ait dit à beaucoup d'évêques disséminés sur tout le royaume franc : « Je n'ai pu écrire d'une façon élégante comme j'aurais voulu; mais j'ai rempli comme j'ai pu, non seulement vos ordres, mais encore beaucoup d'autres choses... *Non solum ea que jussistis, verum etiam mulla alia* » ? Et

1. *Archiv*, t. VIII, 118-119.

2. Voir la formule de mundebour publiée par Zeumer, p. 111. Cette formule a remplacé dans ce *codex* celle qui se trouvait dans le recueil primitif, 1, 24. Sur la date de cette seconde formule, voir Sickel, *Beiträge zur Diplomatik*, III, 10.

3. *Neues Archiv*, t. VI, 27.

4. Aylidulfus est cité dans le catalogue en vers des évêques de Strasbourg (Pertz, SS., XIII, 322), entre Heddon et Remi; Heddon siégeait encore en décembre 775 (Sickel, K, 55) et semble être mort peu de temps après. La date où Aylidulfus était évêque s'accorderait par suite assez bien avec celle de la compilation. Mais l'identité d'Aeglidulf et d'Aylidulf n'est pas démontrée.

5. *Die Urkunden der Karolinger*, I, 112.

6. Zeumer soutient qu'on ne trouve jamais pour le nom de saint Clou la forme *Glidulfus*. Pourtant, dans la charte octroyée au monastère de Galilée ou de Saint-Dié (Pardessus, II, p. 147), ce nom apparaît sous la forme de Childulfus. Nous avons essayé de démontrer l'authenticité de cette charte, *Annales de l'Est*, t. III, 379. Un autre exemple est plus significatif. La *Vita Amati*, écrite par un moine de Remiremont, vers l'année 670, porte cette dédicace : *Imperiis tuis, beatissime papa Clido, eloquio quidem exiguo, sed voto uberrimo parere disposui* (Bollandistes, septembre, t. IV, p. 102). Dans cet évêque Clido, il faut voir saint Clou, qui pria le moine anonyme d'écrire la vie de celui qui avait entraîné dans la solitude Romaric, l'ami de son père Arnulf

plus loin : « J'ai réuni ce que j'ai appris des ancêtres selon la coutume du lieu où nous (Marculf et l'évêque) habitons! » Évidemment, de telles paroles ne sont adressées qu'à un seul personnage. Reste une dernière explication qui nous paraît être la vraie. Marculf dédie d'abord son recueil à son évêque Landri ; puis, quand Landri se fut retiré dans ses monastères du Hainaut, il remplaça son nom par celui de son successeur, Clodulf. C'est cette seconde préface que nous a conservée le manuscrit n° 2123. Quant à la compilation que nous présente ce manuscrit, Marculf y est étranger ; elle est l'œuvre des copistes, qui ont réuni des formules de nature diverse, trouvées dans différents manuscrits [1].

En second lieu, on s'est étonné du grand rôle joué dans notre formulaire par le maire du palais. Le maire du palais est mentionné le premier parmi les assistants du tribunal du roi [2]. Sous son mundebour sont placées les personnes ou les abbayes auxquelles le roi veut assurer une protection spéciale ; il est chargé de prendre en mains leurs procès, soit au tribunal du comte soit à celui du souverain [3]. Lorsque des sujets ont perdu leurs anciens titres de propriété, c'est du maire du palais aussi bien que du roi qu'ils doivent solliciter un diplôme d'*apennis* [4]. Le maire du palais, dit-on, n'avait pas encore une autorité aussi grande au VIIe siècle, et voilà pourquoi Zeumer recule la composition du recueil jusqu'au début du VIIIe siècle [5]. L'ob-

---

1. Voir la préface de Marculf.

2. Marculf, I, 25.

3. Marculf, I, 24 : *ut sub mundeburde vel defensione inlustris vero illius, majores domi nostri... quietus dibeat resedere.*

4. Marculf, I, 34.

5. Zeumer prétend que le maire du palais n'a pas siégé au tribunal du roi avant 697 : à cette date seulement, il figure dans un jugement rendu par Childebert III en faveur de l'abbaye de Tussonval (Tardif, *Monuments historiques*, p. 31, n° 38). Donc, le recueil serait postérieur à 697. Nous accordons à Zeumer que le maire du palais est mentionné dans le meilleur manuscrit de la formule de Marculf, I, 25. En ce point, il a répondu avec satisfaction, dans le *Neues Archiv*, t. X, p. 383-388, à l'objection que lui avait opposée Ad. Tardif dans la *Nouvelle revue historique du droit*, 1884, p. 563. Mais le reste de l'argumentation de M. Ad. Tardif subsiste. Nous avons dix textes de jugements antérieurs à celui de 697. Mais trois (Tardif, n°° 14, 16 et 17) sont très incomplets, très mutilés ; la liste des assistants a totalement disparu ; un quatrième (Tardif, n° 15) présente une lacune dans l'énumération des assistants au plaid ; dans quatre autres (Tardif, n°° 22, 28, 30, 35), aucun des assistants n'est nommé, le maire du palais pas plus qu'un autre. Enfin, dans deux jugements datés de 692 et 693, de Luzarches et de Valenciennes (Tardif, n°° 32 et 33) et où la liste des assistants est donnée tout au long, on ne trouve pas, il est vrai, le nom du maire du palais ; mais ce maire du palais, Pépin le Moyen (Pépin d'Herstall), était à ce moment occupé à faire la guerre aux Frisons et à leur

jection est peut-être valable pour la Neustrie ; mais elle disparaît si nous songeons que notre recueil a été fait en Austrasie vers 650, à une époque où les maires du palais ont acquis, à la suite des minorités des rois, une puissance prépondérante. Précisément à cette date Grimoald, fils de Pépin l'Ancien (Pépin de Landen), y exerçait une autorité presque absolue, au nom de ce jeune souverain Sigebert dont on a fait un saint, tant il était dépourvu des qualités nécessaires à un roi. A quelques années de là, après le décès de Sigebert, Grimoald se croira assez fort pour substituer à la dynastie mérovingienne sa propre race et pour conférer à son fils Childebert le titre royal[1].

Enfin, si nous admettons que notre formulaire a été écrit au diocèse de Metz, un autre détail s'éclaire tout à coup d'une pleine lumière. Th. Sickel a fort bien observé que le recueil de Marculf a servi de modèle aux descendants d'Arnulf devenus maires du palais[2]. Quand, en 744, Charles Martel cède à la basilique de Saint-Denis la villa de Clichy[3], il reproduit l'une des *chartae pagenses* du second livre[4] ; quand, en 743, Pépin confirme, par un diplôme daté de Metz, l'immunité à Saint-Vincent de Mâcon[5], il copie, lui roi futur, la formule que Marculf avait indiquée aux souverains mérovingiens[6]. Et nous trouvons une imitation visible de notre recueil[7] dans des jugements que le même Pépin rendit en faveur de Saint-Denis en 747, en 749, en 750[8]. Plus tard, quand les Carolingiens eurent pris le titre de roi, leurs chanceliers se servirent beaucoup de ce formulaire ; selon une expression de Sickel, « le travail littéraire de Marculf reçut alors une consécration officielle[9]. » Or, le même critique suppose que les maires d'Austrasie eurent connaissance du recueil, après la bataille de Ter-

duc Ratbod ; il avait laissé en Neustrie, pour le représenter, un certain Nordebert (*Liber historiae Francorum*, éd. Krusch, p. 323), et précisément ce Nordebert est mentionné dans nos deux jugements. Ainsi, même en Neustrie, avant 697, le maire du palais assistait au tribunal royal. Et combien son autorité a dû être plus forte en Austrasie, dès le début du viie siècle ! Il ne nous reste malheureusement pas de texte de jugement, rendu dans ce royaume, pour être comparé à la formule de Marculf.

1. *Liber historiae Francorum*, éd. Krusch, p. 316.
2. *Beiträge zur Diplomatik*, III, 22 ; *Die Urkunden der Karolinger*, I, 16.
3. Pardessus, II, p. 380, n° 563.
4. Marculf, II, 6.
5. Pardessus, II, p. 382, n° 568.
6. Marculf, I, 3.
7. Id., I, 25.
8. Pardessus, II, p. 403, 414, 415, n° 589, 603 et 604.
9. *Die Urkunden der Karolinger*, l. l.

try, quand leur autorité se fut étendue sur les bords de la Seine et le diocèse de Paris[1]. Nous, au contraire, nous pensons que ce recueil, dédié à leur parent Clodulf, leur a été immédiatement familier ; ils l'ont porté avec eux d'Austrasie en Neustrie ; avec eux ils l'ont fait monter sur le trône.

Ainsi, notre hypothèse permet d'expliquer un certain nombre de difficultés que présente le formulaire et elle nous montre pourquoi ce recueil a été adopté par les Arnulfingiens ; elle acquiert par suite une nouvelle force et devient plus probante.

IV.

Dans la Vie de saint Colomban, écrite par son disciple Jonas, nous lisons l'anecdote suivante : Colomban s'était retiré avec quelques compagnons dans la solitude des Vosges, près d'un château détruit, nommé Annegray. La vie fut très rude dans ce désert ; les solitaires se nourrissaient de l'écorce des arbres et de l'herbe des champs ; un jour même il y eut disette complète, et la faim fit sentir son aiguillon. Mais Dieu avertit en songe l'abbé Caramtocus, qui était placé à la tête du monastère de *Salicis*, de la détresse de Colomban et de ses disciples ; et aussitôt le pieux abbé se leva, ordonna à son cellérier Marculf de réunir des provisions et de voler au secours des cénobites. Marculf obéit ; à l'entrée du désert, au milieu d'un fourré inextricable, on s'égara. Mais tout à coup les chevaux, sans être excités par le fouet, prirent le trot et se rendirent d'eux-mêmes à Annegray. Colomban était délivré de tout péril ; il remercia Dieu, bénit Marculf, qui revint par la même route et raconta à tous ce miracle[2].

Colomban était arrivé en Gaule à l'époque où Childebert réunissait les deux royaumes d'Austrasie et de Bourgogne (592-596)[3] ; il avait obtenu de ce prince la possession de la solitude où il se retira ; la scène que Jonas nous raconte se passe sans doute vers l'an 600. Mais quel

---

1. *Die Urkunden der Karolinger, l. l.*

2. *Vita Columbani,* c. 13 et 14 ; Mabillon, *Acta sanctorum ordinis sancti Benedicti sec. II,* p. 8 et 9.

3. *Id.,* ch. xii. On y lit : *Pervenit autem fama Columbani Sigiberti regis ad aulam, qui eo tempore duobus regnis Austrasiorum Burgundionumque inclytus regnabat Francis.* Mais *Sigeberti* est ici une erreur évidente pour *Childeberti.* Plus loin, au ch. xxxi, il est encore question, il est vrai, de Sigebert, le roi d'Austrasie, assassiné en 575. Mais il est de toute évidence que tout le passage depuis *Sigebertus* jusqu'à *Theodericus ergo quia* a été interpolé ; ce sont des notes chronologiques écrites en marge d'un manuscrit par un copiste et qui plus tard ont passé dans le texte.

est ce monastère de *Salicis* auquel l'abbé Caramtocus est préposé ?
Ici les avis diffèrent. Mabillon cite le prieuré de Salins dans le Jura[1];
d'autres ont parlé d'un monastère de Saale, dans la vallée de la
Bruche, sur le versant oriental des Vosges ; mais il n'est pas bien
sûr qu'une abbaye ait jamais existé dans cette ville. Nous préférons
rechercher l'abbaye de *Salicis* dans la vallée de la Seille, dans la
région nommée le Saunois. Or, les *Gesta episcoporum Tullensium*
nous apprennent que l'évêque de Toul Autmundus, qui vivait à la fin
du VIe siècle, se retira dans une solitude et qu'il y fut suivi par saint
Pient, saint Agent et sainte Colombe[2]. Dans cette solitude, une abbaye
fut construite qui porta le nom de Saint-Pient. Une pieuse femme,
nommée Praetoria, donna ce monastère à l'évêque Eutulanus[3], successeur d'Autmond, et à l'église de Toul. L'abbaye de Saint-Pient
était située sur le territoire de Moyenvic; nous supposons qu'avant de
prendre le nom de son fondateur elle porta celui de *Salicis*, à cause
des salines du voisinage, et qu'après la mort de Pient elle fut gouver-
née par Caramtocus.

Mais Moyenvic est situé au diocèse de Metz; bien que le monastère
de Saint-Pient eût été conféré peu de temps après sa fondation à l'évêché de Toul, il n'en continua pas moins de dépendre au spirituel des
prélats messins. Dès lors, n'est-il pas permis d'identifier le cellérier
du monastère de *Salicis* avec l'auteur du formulaire? Cette hypothèse
a été défendue dans ce siècle avec beaucoup d'énergie par Digot, dans
son *Histoire d'Austrasie* qu'on ne consulte pas assez[4] : nous la repre-
nons pour notre compte. En 600, Marculf est un jeune moine de
Moyenvic; il a dépassé la vingtième année et entre, dans une circonstance mémorable, en relations avec Colomban. Cinquante années
environ plus tard, sur le commandement du prélat de Metz, Landri,
il compose, pour exercer les débutants, son formulaire; il a à cette
date dépassé l'âge de soixante-dix ans; sa main tremble et peut dif-
ficilement tenir la plume; ses yeux fatigués lui refusent presque leur
service[5]; il nous donne lui-même ces renseignements dans sa préface

1. Voir l'édition de Mabillon, p. 9, n. *a.*
2. *Gesta episcoporum Tullensium*, Pertz, SS., VIII, 634-635.
3. *Praetoria dedit ad praescriptam sedem... abbatiam sancti Pientii, id.*,
ibid. L'abbé Marchal (*Quelques remarques sur les saints patrons de la paroisse
de Moyenvic*) voit à tort dans ces trois bienheureux des saints honorés à Sens,
dont le culte aurait été introduit à Moyenvic, à la fin du VIIe siècle, par Gondelbert. Il paraît évident qu'on a fait à tort de Gondelbert, abbé de *Senones*,
un évêque de *Sens* à cause de la ressemblance de ces deux noms. Sur Moyenvic, voir encore l'article de Lepage, *les Communes de la Meurthe*, t. II, 84.
4. *Histoire d'Austrasie*, III, p. 325 et ss.
5. Voir la préface.

et il ajoute que son intelligence devient plus lourde, sa pensée plus
hésitante. Ici, nous lui demandons la permission de ne pas le croire,
car son recueil est fort bien fait; les formules disent juste ce qu'elles
doivent dire; les noms propres, les parties accessoires ont été retran-
chés avec beaucoup de soin; les parties générales seules ont été con-
servées. En outre, tous ces actes sont, pour qui connaît la langue mérovingienne, d'une clarté parfaite. Sans doute, le style est incorrect; il
n'y a plus chez Marculf ni déclinaison ni accord des adjectifs et des
substantifs. Mais est-il bien juste de lui en faire un reproche? Marculf
a écrit la langue latine telle qu'on la parlait encore de son temps, et
peut-être est-ce là aux yeux des vrais historiens et des philologues
un mérite de plus.

Nous pouvons donner en quelques lignes la conclusion de ce long
article :

1° Marculf a écrit son formulaire au diocèse de Metz, vers 650; il
l'a dédié aux évêques Landri et Clodulf, qui se sont succédé sur le
siège de cette ville. Ainsi s'explique l'importance prise dans le recueil
par le maire du palais; voilà aussi pour quelle raison il a reçu sous
les premiers Carolingiens un caractère officiel.

2° Il est vraisemblable que l'auteur du formulaire est le cellérier
du monastère de *Salicis*, mentionné par Jonas dans la Vie de saint
Colomban.

Ch. Pfister.

Extrait de la Revue historique, tome L, 1892.

Nogent-le-Rotrou, imprimerie DAUPELEY-GOUVERNEUR.